FACULTÉ DE DROIT DE RENNES

THÈSE

POUR

LA LICENCE

RENNES
IMPRIMERIE DE CH. CATEL ET Cie,
rue du Champ-Jacquet, 25

FACULTÉ DE DROIT.

THÈSE POUR LA LICENCE.

JUS ROMANUM...................... De Actionibus Empti et Venditi.

DROIT FRANÇAIS...
- CODE NAPOLÉON...... Des obligations du vendeur et de l'acheteur, spécialement des obligations de l'acheteur.
- CODE DE COMMERCE... Des Achats et Ventes.

Cette thèse sera soutenue le samedi **31** janvier **1863**, à deux heures du soir,

Par M. DURAND (Henri-Léopold),

Né à Arpajon (Seine-et-Oise), le 9 septembre 1840.

Examinateurs,

MM. HUE, LE POITVIN, BODIN, professeurs; LÉVEILLÉ, agrégé.

RENNES

IMPRIMERIE DE CHARLES CATEL ET Cⁱᵉ,

rue du Champ-Jacquet, 25.

1863

A la Mémoire de mon Père et de ma Mère.

A MES ONCLES BIENFAITEURS.

A mon Frère et à ma Sœur.

A TOUS CEUX QUE J'AIME.

JUS ROMANUM.

De Actionibus Empti et Venditi.

(D., L. XIX, titre 1; — C., L. IV, titre XLIX.)

PROLÖGOMENA.

Imprimis dicendum est solo consensu perfici emptionem et venditionem; partes enim in eodem tempore quo de re vendita et pretio solvendo idem sentiunt, obligationibus, quæ natura insunt hoc contractu, tenentur, scilicet venditor ut præstet emptori rem habere licere, emptor vero ut pretium venditori solvat. Quas quidem obligationes actionibus empti et venditi, empti adversus venditorem, venditi adversus emptorem, partes adimplere coguntur. Hæc vero judicia quid sint et contineant agere debemus.

De Actione Empti.

I. — *Quid veniat in actione ex empto.*

Ex empto actione is qui emit utitur. Directa quidem actio nonnisi ei qui ipse emit datur, utilis tantumdem actio ei cujus procurator negotium gessit, accomodatur. Adversus venditorem competit; et in hoc judicio deduci debet ex bono et æquo quod præstari expresse aut tacite convenit, quia ex bona fide emptio et venditio originem trahit; quod si nihil convenit, tunc ea præstabuntur quæ natura insunt hujus judicii potestate et in his verbis « emptori rem habere licere » continentur; hæc autem rei venditæ custodiam, vacuam possessionem, evictionem et vitia et dolum malum præstare significant.

II. — *Quid sit possessionem rei tradere.*

Qui vendidit necesse non habet fundum emptoris facere ut cogitur qui fundum stipulanti 'spopondit, sufficit enim ut ipsam rem præstet, id est, tradat; si vero dominus fuerit, emptorem rei traditione dominum fecerit, si non fuerit, evictionis tantum nomine tenebitur.

Venditor autem vacuam rei venditæ possessionem præstare debet, itaque si ususfructus ejus sit alienus eum redimere tenetur, nisi tamen, deducto hoc usufructu rem vendiderit; quod attinet ad servitutes prædiales non est necesse his servitutibus rem liberam tradi nisi ut optima-maxima vænierit. Quod si res vendita sit incorporalis quæ possideri non potest venditor obligationi inducendi emptorem in possessionem per aliquid æquipollens satisfaciet.

Præstatio quidem rei omnes ejus accessiones continet, scilicèt cum fundo vendito omnia quæ solo adhærent, veluti arbores, vites, fructus pendentes; item quæ circa ædes affixa sunt, etiamsi distracta sint, ut reponantur; et cum ædibus venditis omnia quæ perpetui earum usus causa comparantur, sicut seræ, claves, claustra, crustæ marmore, salientes, fistulæque salientibus junctæ, etsi longe extra ædificium excurrant.

Traditio rei fieri debet in loco et tempore de quibus convenit; si vero de iis nihil convenerit; statim præstanda est et in loco ubi res est tempore conventionis initæ.

Si res vendita non tradatur, in id quod interest agitur, hoc est quod rem habere interest emptoris; hoc autem interdum pretium egreditur si pluris interest quam res valet vel empta est. Observandum, nisi adsit pactio contraria, emptorem venditori integrum offerre debere pretium, quum ex empto agitur; et si pretii partem offerat nondum ex empto est actio, venditor enim quasi pignus retinere potest eam quam vendidit.

Illud patet non teneri venditorem ad tradendam rem venditam, si per ipsum emptorem stet quominus ei tradi possit.

III. — *De custodia periculisque rei venditæ donec emptori tradatur.*

Quum vendideris rem tuam quamvis in tua potestate permaneat, postquam contractus effectus est, tamen, jam non sicut tuam custodire debes, sed exactiorem quam in tuis rebus diligentiam, donec in possessionem emptorem induces, adhibere oportet; sed interea pericula rei ad emptorem respiciant, et venditor obligatione ejus tradendæ liberabitur, si citra culpam moramque ejus interierit, quia interitu rei debitor liberatur; res autem emptori perit non tanquam domino sed tanquam creditori. At vero si emptor ante traditionem rei omne dispendium sustinet ita etiam omne lucrum in eodem intervello solus nanciscitur : bona fides enim non patitur quem pericula sequuntur eum commoda non sequi. Itaque ex die emptionis, si pretium numeratum sit, et fructus et operæ servorum et fœtus pecorum et ancillarum partus ad emptorem pertinent; debet quidem venditor restituere omne quod emptor percepisset.

IV. — *De præstanda evictione.*

Evictio est rei venditæ sententia judicis oblatio; et ob evictionem venditor se obligat.

Datio possessionis quæ ab illo fieri debeat talis est, ut si quis eam possessionem jure avocaverit, tradita possessio non intelligitur. Perinde igitur debet actio empti competere ac si non traderetur.

Nec solum si tota res, sed et si pars evincatur, competit actio. Et hoc obtinet etiamsi id quod emptori superesset, dignum esset toto pretio.

Ut vero actioni ex empto locus sit nihil refert quanto demum post contractum tempore res evicta fuerit. Eam autem evictionem prohibere tenetur venditor quæ jure fit et ex causa tempore contractus existente, non eam quæ ex nova causa contingit; multo minus eam quæ per violentiam fit.

Si pars tantum rei evincatur videre oportet an emptor, si causam evictionis cognovisset, rem emisset, si non, empti actio committitur, si quidem emisset, haud dubie queri non poterit.

Sed quanti eo nomine venditor teneatur, nunc videamus : si in emptione et venditione dictum non sit, quantum venditorem pro evictione præstare oporteat, nihil præstabit præter simplum evictionis nomine et ex natura ex empto actionis hoc quod interest; inde res si minor esse cœpit, damnum emptoris est et, vice versa, si melior erit plus emptor consequetur. Verumtamen laxior aut strictior est hæc venditoris obligatio secundum bona aut mala fide fuerit; enimvero, si mala fide fuerit, omne id quod interest et omnia detrimenta quæ ex ea emptione emptor traxerit præstare debebit; sed, si bona fide fuerit, non tenebitur ultra damni quantitatem aut speciem quæ contractus tempore ex æquo et bono cogitari potuit.

Non in omnibus casibus emptori licet agere de evictione; exempla certe quædam afferri possunt in quibus actio empti non datur : 1° si culpa vel negligentia ejus evictio processerit; 2° si contractus initi tempore evictionis periculum non ignoraverit et nihil de ea præstanda cum venditore convenerit; 3° si pacto expresso de evictione non præstanda cautum fuerit.

Sæpe in contrahenda emptione de cautione duplæ, unde fit actio ex stipulatu duplæ, propter evictionem conveniebat; quæ quidem actio, etiamsi de ea nihil cautum fuerit, quia ea quæ sunt moris et consuetudinis in bonæ fidei judiciis debent venire, tamen emptori competit. Sed stricti juris est, et ex stipulatu eo nomine agere cum venditori non potest antequam sibi quid abesset.

V. — De præstandis rei venditæ vitiis.

Cum venditor præstare teneatur rem emptori habere licere; sequitur eum ex empto teneri præstare eas qualitates in re vendita abesse per quas non liceat eam habere aut per quas eam inutiliter haberet emptor. Superioribus consequens est ut judicium empti committatur si quid faciat venditor quo res emptori foret inutilis, nam omnia quæ contra bonam fidem fiant, veniunt in hoc judicium.

Sed præter actionem empti duæ actiones ex ædilitio edicto ad emptorem pertinent, redhibitoria et æstimatoria seu quanti minoris, quæ tendunt prior ad resolutionem emptionis et venditionis, posterior ad restitutionem cujusdam partis pretii. Qualis autem sit natura vitiorum horum quæ actionibus illis locum dant, primum dicere debemus : ea vitia oportet esse latentia, non enim a venditore manifesta præstanda sunt; gravissima talia scilicet quæ usum rei impediant et hæc omnia contractus initi tempore extitisse, nam morbus deinde superveniens nonnisi in emptoris periculo esse potest; talia demum quæ si cognovisset emptor, vel empturus non esset vel minoris empturus esset. Et quidem tenetur ex his actionibus venditor etiamsi rei venditæ vitia ignoraverit.

Actio redhibitoria ad emptorem pertinet quum talia adsunt vitia ut, si ea scivisset, empturus non fuisset; tendit vero hæc actio ad resolutionem contractus et ad integram pretii restitutionem, quasi si nulla fuerit venditio; adjice pro emptore omne id quod interest.

Actio quanti minoris locum habet, si non obstante vitio emptor rem quidem fuisset nacturus, sed minori pretio. Qua igitur actione petit emptor ut sibi tantumdem de pretio restituatur quanti minoris emisset, si vitium cognovisset.

VI. — *De præstatione doli mali.*

In contrahenda emptione fere aliqui solent hæc verba adjicere : « Dolus malus a venditore aberit; » qui, etiamsi adjectum non est, abesse debet.

Si sciens alienam rem ignoranti mihi vendideris; etiam, priusquam evincatur, utiliter me ex empto acturum Africanus putavit, in id quanti intersi meam esse : quamvis enim alioquin verum sit venditorem hactenus teneri ut rem emptori habere liceat non etiam ut ejus faciat, quia tamen dolum malum abesse præstare debeat, teneri eum qui sciens alienam, non suam, ignoranti vendidit ; alia quidem habes exempla, ut puta, si venditor quædam rei venditæ onera dissimulaverit et ea emptor ignoraverit. Sed multo magis tenebitur venditor de ea doli specie quæ mendacium continet.

De Actione Venditi.

Hactenus de actione empti; nunc de actione venditi agamus.

Ex vendito actio venditori competit ad ea consequenda quæ ei ab emptore præstari oportet, scilicet pretium quanti res væniit, usuras pretii pos diem traditionis, sumptus a venditore factos, dolum emptoris, et ea demum quæ pretio accessura emptor promisit.

I. — *Quæ requirantur ut possit venditor agere actione venditi.*

Ex vendito actione ita agere venditori permittetur si non ipse traditioni moram faciat. Sed, et postquam res tradita est, venditor ab actione venditi summovendus est, si res in ea causa sit ut redhibeatur. Iniquum est enim venditorem pretium redhibendæ rei consequi.

Item inhibetur actio venditi, si emptor de re ab aliquo quæstionem patiatur. Inde, ante pretium solutum, dominii quæstione mota, pretium emptor solvere non cogetur; nisi tamen fidejussores idonei a venditore ejus evictionis offerantur.

Multo magis postquam res evicta fuerit aut redhibita, venditor petere pretium non poterit.

II. — *De solutione pretii et aliis emptoris obligationibus.*

Summa emptoris obligatio in pretii solutione consistit : et adeo stricta est solvendi pretii necessitas ut, donec solutum fuerit, quamvis rei traditæ dominus sit venditor, dominium in emptorem non transit nisi venditor ejus fidem secutus erit. Emptor autem nummos venditoris facere cogitur.

Quod si emptor pretium non solvit venditor emptionis et venditionis resolutionem restitutionemque rei a se traditæ petere nequit nisi ab initio id expresse convenerit.

In hoc judicio veniunt et usuræ pretii ex die traditæ possessionis : 1° si ita convenerit; 2° si res vendita sit frugifera, nam cum re emptor fruatur æquissimum est eum usuras pretii pendere; 3° quanquam res tradita non sit, sed si cum venditor offerret rem tradere emptor in mora constitutus esset pretium solvendi.

Possessionem autem traditam accipere debemus, etsi precaria sit possessio; hoc enim solum spectare debemus an habeat facultatem emptor fructus percipiendi.

Datur etiam actio venditi ad præstanda quæcumque pretio accessura emptor promisit : si tibi fundum vendidero ut eum conductum certa summa haberem, ex vendito eo nomine mihi actio est, quasi in partem pretii ea res sit.

Venditor præterea ex vendito agendo consequetur sumptus quos in re distracta fecit; item et si in ægri servi curationem impensum est ante traditionem. Agitur quoque hac actione ut emptor rem venditam tollat.

Venit etiam in actione venditi quanti venditoris interest dolum emptoris in contrahendo non fuisse, sicut in actione empti hoc idem venit. Unde si quis a me oleum, quod emisset, adhibitis iniquis ponderibus, accepisset, ut in modo me falleret, ex vendito agere poterim ut quod est supra mensuram mihi restituatur.

—

POSITIONES.

. 1. — An actio empti et actio quanti minoris, quum agitur de præstandis rei venditæ vitiis, eadem consequantur? Tres sunt differentiæ.

2. — An L. 27, D. XIX, 1, et L. 54, § 1, D. eod. L. *Inter se pugnent?* Negandum.

DROIT FRANÇAIS.

CODE NAPOLÉON.

Des obligations du vendeur et de l'acheteur; spécialement des obligations de l'acheteur.

(Cod. Nap., L. III, tit. VI, ch. IV et V.)

CHAPITRE I.

Des obligations qui naissent de la vente.

Le contrat de vente a acquis dans notre droit un caractère nouveau, c'est que la propriété se trouve transférée du vendeur à l'acheteur dès que les parties sont d'accord sur la chose et sur le prix; le seul consentement suffit pour dépouiller le vendeur de son droit de propriété et revêtir l'acheteur de la qualité de propriétaire; mais cet effet direct et immédiat de la convention n'empêche pas la vente de produire des obligations comme tous les autres contrats.

Ces obligations, qui ne font que réaliser l'objet du contrat de vente, sont principalement, d'abord pour le vendeur celles de délivrer et de garantir la chose vendue, puis pour l'acheteur celles de payer le prix de cette chose et de s'en livrer.

Le vendeur est, avant tout, tenu d'expliquer clairement ce à quoi il s'oblige, art. 1602; tout pacte obscur ou ambigu s'interprète contre lui.

Cette disposition ne nous paraît pas, comme à **M.** Duvergier, inutile ni injuste. Il est vrai qu'en thèse générale, et d'après le principe de l'art. 1162, lorsqu'il y a doute, la convention s'interprète contre le stipulant, mais on peut justifier facilement cette dérogation faite en faveur de l'acheteur; d'abord cette règle spéciale n'a trait qu'aux obligations qui découlent naturellement de la vente et ne regardent nullement les stipulations particulières que les parties auraient pu ajouter au contrat et qui sont régies par le principe général; remarquons ensuite qu'elle ne doit s'appliquer que lorsqu'on a épuisé tous les moyens d'interprétation; enfin Loisel n'avait-il pas raison de dire *qu'il y a plus de fols acheteurs que de fols vendeurs,* parce que le vendeur, qui est bien plus à même d'expliquer clairement les choses, peut aussi bien plus facilement tromper l'acheteur par des termes obscurs et des expressions à double sens?

Ce serait en vain que le droit de propriété passerait sur la tête de l'acheteur, si le fait de la possession ne devait lui donner le moyen de l'exercer dant sa plénitude, ou si, cette condition étant remplie, l'exercice de ce droit était entravé par des prétentions rivales ou diminué par des défauts cachés susceptibles de rendre la chose impropre à l'usage auquel elle était destinée : la délivrance et la garantie ont pour objet d'assurer à l'acheteur tous les avantages de la pleine propriété; les sections II et III du ch. IV *De la Vente* sont consacrées à ces deux obligations du vendeur.

La délivrance, dit l'art. 1604, est le transport de la chose vendue en la puissance et possession de l'acheteur. Cette délivrance était nécessaire en droit romain et dans notre ancien droit pour rendre l'acheteur propriétaire, ce qui, d'ailleurs, n'était pas de l'essence de la vente; aujourd'hui la tradition n'a guère d'importance qu'au cas de vente d'une chose indéterminée, car l'acheteur ne devient alors propriétaire qu'au moment où elle a spécialisé l'objet vendu.

Un assez grand nombre d'articles règle le mode et l'étendue de cette obligation et les droits qu'elle confère à l'acheteur; nous ne les étudierons pas en détail parce que notre travail doit rouler principalement sur les obligations de l'acheteur, en voici donc seulement en résumé la substance.

La délivrance se trouve opérée dès là que le vendeur a mis la chose vendue à la libre disposition de l'acheteur, de quelque manière que ce soit; elle doit se faire aux frais du vendeur, et au lieu où était, au temps de la vente, la chose qui en fait l'objet, s'il n'y a stipulation contraire; elle comprend la chose dans l'état où elle se trouve au moment de la vente

avec tous ses accessoires et la contenance telle qu'elle est portée au contrat, etc.; l'acheteur a droit, suivant les cas, à des dommages et intérêts, à
une diminution de prix ou à la résolution du contrat : son action en diminution de prix ou en résiliation n'est recevable que dans l'année à compter
du jour du contrat, à peine de déchéance.

Le vendeur n'est pas tenu seulement de délivrer la chose vendue à
l'acheteur, il doit encore lui en assurer l'utile et libre possession, c'est-à-
dire le garantir des défauts cachés de cette chose et de toute espèce d'éviction.

L'éviction a lieu lorsque, par l'action ou la résistance d'un tiers, l'acheteur se trouve privé de tout ou partie de ce que devait lui transmettre la
vente. Il est évident que les troubles de fait ne regardent pas le vendeur, et
qu'il n'a à garantir l'acheteur que contre l'exercice de droits antérieurs à
la vente; quant à ceux qui sont postérieurs au contrat, il n'en répond
qu'autant que leur naissance lui est imputable; il ne répond pas davantage
de l'éviction provenant du fait du souverain et de tout autre cas de force
majeure.

L'éviction peut être totale ou partielle : cette dernière ne donne droit à
la résiliation de la vente qu'au cas où il est reconnu que l'acheteur n'eût
pas acheté la chose sans la partie dont l'éviction le prive. Remarquons une
autre différence entre l'éviction totale et l'éviction partielle quant à l'étendue du droit de l'acheteur : au cas d'éviction totale, le vendeur doit toujours rembourser à l'acheteur le prix qu'il a payé, encore que la chose ait
diminué de valeur, et si elle a augmenté il doit, outre le prix, la différence
entre le prix et la valeur de la chose au moment de l'éviction, sans compter les dommages-intérêts. En sera-t-il de même en cas d'éviction partielle,
lorsque l'éviction n'est pas assez importante pour amener la résolution du
contrat, ou lorsque l'acheteur, pouvant le faire résoudre, préfère garder la
chose? Non; ici, *damnum emptoris est*, soit que la chose vendue ait augmenté ou diminué de valeur, le vendeur ne doit lui rembourser que la
valeur de la partie dont il est évincé, suivant l'estimation au temps de
l'éviction. Certains auteurs critiquent d'une manière générale cette disposition de l'art. 1637, d'autres ne veulent l'appliquer qu'au cas d'une éviction
partielle *pro diviso;* à ceux-ci nous répondrons que la loi ne fait aucune
distinction, à ceux-là que l'éviction partielle dont il s'agit ne peut soulever
qu'une question de dommages et intérêts et non de restitution de prix. En
effet, au cas d'éviction totale, le vendeur doit restituer le prix qu'il a reçu,

parce que l'acheteur l'a indûment payé; mais l'éviction partielle laissant subsister le contrat, l'acheteur n'a droit qu'à la réparation du préjudice qu'elle lui cause, préjudice dont la mesure est évidemment la valeur actuelle de la portion dont on l'évince.

L'acheteur peut défendre seul à l'action en revendication, sauf, s'il succombe, son recours contre le vendeur; mais ce qu'il a de mieux à faire, c'est d'appeler en cause le vendeur dès que l'action en revendication est intentée, afin de faire statuer par le même jugement sur la demande principale et sur sa demande en garantie.

Lorsque la chose vendue est affectée au moment de la vente de défauts cachés et inconnus de l'acheteur, et qui rendent l'usage de cette chose impossible ou presque inutile, l'acheteur peut faire résilier la vente, ce qui a fait donner à ces défauts le nom de vices rédhibitoires. Si l'acheteur a eu la connaissance de ces défauts ou s'ils sont tels que il eût dû les apercevoir lors de la vente, il n'y a pas lieu à garantie.

D'après l'art. 1644, « l'acheteur a le choix de rendre la chose et de se faire restituer le prix, ou de garder la chose et de se faire rendre une partie du prix, telle qu'elle sera arbitrée par experts. » Ainsi, il peut intenter soit l'action rédhibitoire qui tend à la résolution du contrat, soit l'action en réduction de prix, appelée aussi *quanti minoris*. Le Code ne fixe pas le délai pendant lequel ces actions pourront être intentées : le juge devra s'en rapporter à l'usage des lieux; toutefois, ce délai doit être bref, et cela se comprend, car après un trop long temps, il eût été difficile de reconnaître si les vices étaient antérieurs ou postérieurs à la vente. La loi du 20 mai 1838 est venue modifier ces dispositions du Code toutes les fois qu'il s'agit de la vente d'animaux domestiques des espèces chevaline, bovine et ovine; elle supprime dans ces différents cas l'exercice de l'action *quanti minoris*, détermine les vices qui peuvent seuls donner naissance à l'action rédhibitoire, et fixe, pour intenter cette action, un délai court et invariable pour toute la France.

En terminant ce qui regarde les obligations du vendeur, remarquons que la dette de garantie n'est que naturelle et non pas essentielle au contrat de vente : elle existe de plein droit dès que le contrat se trouve formé; mais les parties peuvent par des conventions particulières ajouter à cette obligation ou en diminuer l'effet; elles peuvent même convenir que le vendeur ne sera soumis à aucune garantie : il va sans dire qu'elle est toujours de l'essence de la vente quant aux faits personnels au vendeur.

D'ailleurs, pour les questions relatives à ces obligations, et que la loi n'a pas résolues spécialement, il faut s'en référer aux principes généraux posés au titre des obligations.

La délivrance et la garantie, voilà quelles sont les obligations principales du vendeur; mais il a aussi des droits qui correspondent à des obligations du côté de l'acheteur.

CHAPITRE II.

Des obligations de l'acheteur.

L'acheteur est tenu de deux obligations, celle de payer son prix et de prendre livraison de la chose vendue. Le chap. V, titre VI, De la Vente, traite de la première dans les art. 1650-1656, et de la seconde dans l'article 1657.

SECTION I.

DE L'OBLIGATION DE PAYER LE PRIX ET DE L'ACTION EN RÉSOLUTION FAUTE DE PAIEMENT.

L'art. 1650 nous apprend que la principale obligation de l'acheteur est de payer le prix au jour et au lieu réglés par la vente. C'est en effet une obligation telle, que, si on la supprime, il n'y a plus de vente, car le contrat de vente ne se conçoit pas sans un prix que le vendeur entend recevoir comme équivalent de la chose qu'il aliène.

Le prix doit être payé au jour et au lieu réglés par la vente; s'il n'a rien été conclu au sujet du paiement, il devra être effectué au temps et au lieu de la délivrance dans les ventes au comptant, et au domicile de l'acheteur dans les ventes à terme, d'après le principe général de l'art. 1247. Si dans une vente au comptant le vendeur accorde à l'acheteur un terme de complaisance, l'acheteur pourra-t-il, comme au cas d'un terme expressément stipulé, ne payer qu'à son domicile? Des auteurs recommandables se prononcent pour l'affirmative; il nous semble pourtant que l'opinion contraire est préférable, car de ce que le vendeur retarde par bienveillance le moment du paiement, il n'en faut pas conclure aisément qu'il a renoncé au droit d'être payé au lieu de la délivrance.

« L'acheteur doit l'intérêt du prix de la vente jusqu'au paiement du capital dans les trois cas suivants : 1° S'il a été ainsi convenu lors de la vente; 2° si la chose vendue et livrée produit des fruits ou autres revenus; 3° si l'acheteur a été sommé de payer. Dans ce dernier cas, l'intérêt ne court que depuis la sommation, » art. 1652. La dernière partie de cet article contient une dérogation au droit commun, car, en règle générale, une simple sommation ne suffit pas pour faire courir les intérêts d'un somme d'argent, une demande en justice est nécessaire. (Art. 1153.) Mais, dans les deux autres cas, à partir de quel moment le prix portera-t-il intérêt? L'intérêt courra dans le premier cas du jour fixé par la convention, et si la convention n'en dit rien, du jour de la vente, puisque c'est par elle que le vendeur devient créancier de la somme; dans le second cas, du jour de la délivrance, puisque c'est à partir de ce moment que l'acheteur jouit des revenus ou fruits dont l'intérêt doit être la compensation.

Nous avons dit que le paiement du prix de vente était la grande obligation de l'acheteur; nous devons remarquer qu'il n'est pas tenu d'y satisfaire quand même et quoi qu'il arrive après le contrat; car comme le vendeur n'est pas tenu de livrer sa chose à l'acheteur s'il n'en paie pas le prix, de même il est permis à l'acheteur de refuser le paiement au vendeur qui n'est pas prêt à livrer; bien plus, il peut, même après la délivrance, refuser le prix au vendeur lorsqu'il est troublé ou a juste sujet de craindre d'être troublé dans sa possession par une action soit hypothécaire, soit en revendication. Toutefois, ce refus doit disparaître avec la cessation du danger; c'est pourquoi l'acheteur est obligé de payer quand le vendeur fait cesser le trouble ou qu'il offre une caution solvable de la restitution du prix en cas d'éviction. (Art. 1653.)

L'acheteur ne jouit pas de ce bénéfice lorsqu'il a acheté avec clause de non-garantie et à ses risques et périls, ou lorsqu'il connaissait le danger de l'éviction au moment de la vente.

« Si l'acheteur ne paie pas le prix, le vendeur peut demander la résolution de la vente. » (Art. 1654.) Ce droit de résolution appartient au vendeur, qu'il ait été ou non stipulé. Cette disposition n'est d'ailleurs que l'application du principe général contenu dans l'art. 1180, qui autorise la résiliation de tout contrat synallagmatique, dans lequel l'une des parties manque à ses engagements. L'art. 1654 est absolu dans ses termes; en conséquence, la faculté de faire résoudre le contrat existe dans toute vente, qu'elle ait pour objet un meuble ou un immeuble, ou même un simple droit. Il y a cependant une exception à noter, c'est lorsque la vente a été consentie moyennant une rente viagère. (Art. 1978.)

MM. Delvincourt et Duranton, en dépit de la généralité des termes de l'art. 1654, soutiennent que le droit de résolution faute de paiement n'existe pas dans les ventes mobilières : leur système est basé sur les articles 1655 et 1656, qui n'ont trait qu'aux immeubles, et sur l'art. 1657, qui accorde au vendeur de denrées et d'autres effets mobiliers le droit de résolution pour défaut de retirement par l'acheteur au terme convenu, résolution qui leur semble exclure celle accordée pour le défaut de paiement. Mais le moyen de soutenir une telle opinion sans renverser l'art. 1654! On ne peut l'admettre à moins d'en venir là, ce qui est impossible. Quant à l'art. 1657, il est loin d'être favorable à cette doctrine ; on pourrait plutôt y trouver un argument *a fortiori* à l'appui de l'avis contraire : ne permet-il pas en effet la résolution de la vente pour le défaut de retirement, qui est bien moins considérable que le défaut de paiement.

Il importe d'étudier la nature de cette condition résolutoire commune à tous les contrats synallagmatiques, et les différences qui la séparent de la condition résolutoire ordinaire de l'art. 1183.

Lorsque la condition résolutoire se trouve simplement sous-entendue dans la vente, c'est-à-dire lorsqu'elle n'a pas été expressément stipulée, elle donne seulement le droit au vendeur de demander au juge l'annulation de la vente, avec dommages et intérêts, s'il y a lieu ; et, sauf le cas où le vendeur est en danger de perdre la chose et le prix, le juge peut, selon les circonstances, accorder à l'acheteur un délai pour payer. Si l'acheteur laisse passer ce délai de grâce sans payer, la vente n'est pas encore résolue ; il faudra une nouvelle demande de la part du vendeur, mais alors le juge devra prononcer la résolution. (Art. 1635.)

Il n'en est pas de même lorsqu'il s'agit de la condition résolutoire ordinaire ; la convention qui en dépend se trouve résolue de plein droit lorsque l'évènement prévu par la condition arrive, et il n'est pas nécessaire de s'adresser à la justice pour obtenir la résolution du contrat.

Supposons maintenant, avec l'art. 1656, que la résolution, faute de paiement dans un certain délai, ait été stipulée expressément dans le contrat de vente, en faut-il conclure que les effets de la condition résolutoire ordinaire vont se produire, et que la vente se trouvera résolue de plein droit à l'arrivée du terme convenu? Non ; une sommation de payer sera nécessaire de la part du vendeur, et si l'acheteur refuse le prix, la vente alors seulement sera résolue ; le juge ne pourrait plus que constater cette résolution sans avoir le droit d'accorder un délai à l'acheteur. Ainsi, au cas de stipulation expresse, l'acheteur peut encore payer valablement après l'expiration du terme fixé pàr la convention, pourvu que ce soit aussitôt après la sommation. Les rédacteurs du Code ont pensé qu'il ne fallait pas être trop rigoureux à l'égard de l'acheteur qui, en présence de l'inaction du vendeur, est porté à oublier le danger qu'il court ou à penser que le vendeur n'est pas pressé d'argent.

Qu'arriverait-il, s'il avait été convenu entre les parties que la vente sera résolue à défaut de paiement à l'époque déterminée et sans qu'il soit besoin de sommation?

Il nous semble que cette convention devrait être respectée, par application du principe général de l'art. 1139.

La différence que nous venons de voir entre la condition résolutoire ordinaire de l'art. 1183 et la condition résolutoire de l'art. 1654, appelée quelquefois *pacte commissoire*, n'est pas la seule. En voici une autre très-importante : c'est que l'action en résolution, faute de paiement, appartient au vendeur seul; la condition résolutoire de l'art. 1183 peut au contraire être invoquée par chacune des parties et même par un tiers intéressé, car le contrat est regardé comme non avenu dès que la condition se réalise. Mais la résolution de la vente, faute de paiement, dépend du vendeur seul, qui peut à son choix faire résoudre le contrat ou poursuivre le paiement du prix en demandant en outre des dommages et intérêts.

Nous venons de dire que le vendeur peut opter entre l'action en paiement de son prix et l'action en résolution de la vente. En droit romain, lorsqu'il y avait pacte commissoire, si le vendeur entamait des poursuites à fin de paiement, il ne pouvait plus ensuite invoquer la résolution du contrat. Il n'en est pas de même en droit français : le vendeur peut demander la résolution après avoir demandé l'exécution, et réciproquement, tant qu'il n'y a ni jugement ni acquiescement de l'autre partie à sa demande; d'ailleurs, la demande en paiement dans notre droit, loin d'être un obstacle à l'exercice de l'action résolutoire, en est au contraire une condition, puisque le vendeur doit faire sommation de payer avant de demander la résolution.

Quels sont maintenant les effets de la résolution de la vente? Elle a pour résultat de remettre les choses au même état que si la vente n'avait jamais eu lieu; le vendeur est censé être toujours resté propriétaire, l'acheteur ne l'avoir jamais été : l'acheteur devra donc restituer la chose avec les fruits, s'il y en a eu, et payer des indemnités pour les détériorations qu'il aura pu commettre ; de son côté, le vendeur doit restituer la portion du prix qu'il aurait reçue, et cela avec les intérêts lorsque l'acheteur lui rend des fruits. Le vendeur reprend sa chose franche et libre de tous droits créés par l'acheteur, tels que servitudes ou hypothèques. On doit toutefois admettre, par analogie de l'art. 1673, que le vendeur devra respecter les baux faits sans fraude par l'acheteur.

Que conclurons-nous de ces effets de la résolution de la vente quant à la nature du droit de résolution? Le droit de résolution est évidemment un droit réel opposable aux tiers acquéreurs, puisque les choses sont remises au même état qu'auparavant et que le vendeur est considéré comme n'ayant jamais cessé d'être propriétaire. Nous verrons bientôt que le vendeur a sur l'immeuble vendu un privilége : ce privilége ne peut être exercé qu'à la condition d'une inscription propre à en révéler l'existence ; il semble qu'il devrait en être de même du droit de résolution. Cependant, de ces deux droits qui ont tant de rapports entre eux, les rédacteurs n'en ont soumis qu'un seul au régime de la publicité, et sous l'empire de cette législation il peut arriver que, le privilége du vendeur étant depuis longtemps éteint, un tiers acquéreur se trouve encore sous le coup d'une action en résolution.

Cette étrange anomalie a subsisté dans notre droit jusqu'au 1er janvier 1856, époque à laquelle est devenue exécutoire la loi du 23 mars 1855 sur *la transcription en matière hypothécaire*. L'art. 7 de cette loi ramène au même régime le droit de résolution et le privilége du vendeur : « L'action résolutoire établie par l'art. 1654 du Code Napoléon ne peut être exercée après l'extinction du privilége du vendeur au préjudice des tiers, qui ont acquis des droits sur l'immeuble du chef de l'acquéreur et qui se sont conformés aux lois pour les conserver. » Ainsi, l'existence du droit de résolution se trouve rattachée à celle du privilége.

Le même danger existait pour l'adjudicataire d'un immeuble saisi par le créanciers d'un acheteur insolvable ; mais depuis la loi du 21 mai 1841, qui est venue modifier l'art. 717 du Code de Procédure, le droit de résolution n'est opposable à l'adjudicataire qu'autant que le vendeur a eu soin de notifier, avant l'adjudication, sa demande en résolution au greffe du tribunal où se poursuit la vente.

Pour terminer ce que nous avons à dire sur l'action en résolution, il nous reste encore à parler de la durée de cette action. Le vendeur, en cas de vente d'immeuble, peut l'exercer contre son acheteur pendant trente années; tous les auteurs sont d'accord sur ce point; mais la question de savoir pendant combien de temps il peut l'opposer aux tiers acquéreurs est controversée. Quelques jurisconsultes prétendent que le délai est le même que dans le premier cas; d'autres, et c'est le plus grand nombre, pensent que la prescription de dix à vingt ans suffit au tiers acquéreur, qui a juste titre et bonne foi pour repousser l'action résolutoire. Nous nous rangeons à cette opinion, car nous ne voyons pas pourquoi on n'appliquerait point à ce tiers acquéreur la disposition de l'art. 2265. Cette question n'a plus tant d'importance aujourd'hui, la position des tiers acquéreurs étant singulièrement améliorée par la loi du 23 mars 1855.

Après avoir envisagé sous toutes ses faces l'action en résolution accordée au vendeur pour faute de paiement, nous ajouterons, pour être complet, qu'il y a encore deux autres garanties qui assurent le vendeur contre le défaut de paiement du prix, c'est le droit de rétention lorsque la vente est faite sans terme pour l'acheteur, et le privilége concédé au vendeur sur le prix de la chose vendue par les art. 2102-4° et 2103-1°.

SECTION II.

L'acheteur doit prendre livraison de la chose vendue dans le délai fixé par la convention, et si les parties n'ont rien dit à ce sujet dans un délai qui sera déterminé par l'usage des lieux; s'il n'y a ni convention ni usage particulier, l'acheteur n'aura pour se livrer que le délai moralement nécessaire.

Quand l'acheteur est en retard ou refuse de prendre livraison, le vendeur peut, après une sommation faite pour le mettre en demeure, demander à son choix ou le paiement du prix ou la résolution de la vente. Cette règle a été modifiée par l'art. 1657, lorsqu'il s'agit de la vente de denrées et d'effets mobiliers, parce que, en cas de retard du côté de l'acheteur, il peut en résulter de la gêne et des dommages pour le vendeur : aussi lorsque un terme a été convenu pour le retirement, la résolution de la vente a-t-elle lieu de plein droit et sans sommation au profit du vendeur après l'expiration du terme. Mais cette disposition est tout à fait exceptionnelle et par conséquent ne doit pas être appliquée aux cas non prévus. M. Troplong enseigne pourtant que la résolution de plein droit aurait lieu également, à défaut de convention, après une sommation de retirer faite par le vendeur.

N'onblions pas qu'au cas de vente d'une chose mobilière le vendeur peut se faire autoriser par la justice à la déposer dans un lieu déterminé pour s'en débarrasser (art. 1264). Inutile de dire qu'il obtiendra des dommages et intérêts si le défaut d'enlèvement lui est préjudiciable.

L'acheteur, en prenant livraison de la chose vendue, doit indemniser le vendeur des dépenses faites à l'occasion de cette chose ; c'est là une autre de ses obligations.

C'est aussi l'acheteur qui devra supporter les frais de contrat, de mutation de propriété, etc.

DROIT COMMERCIAL.

Des Achats et Ventes.

(Titre VII, Code de Com.)

On peut définir le commerce : l'échange réciproque de valeurs mobilières à l'effet de bénéficier sur la différence.

L'échange *permutatio rei cum re* fut le premier acte commercial, mais on sentit bientôt les inconvénients de cette opération, et les besoins des peuples se multipliant avec leurs relations, l'échange devint de plus en plus difficile ; il fallait trouver une marchandise dont chacun eût besoin et qui fût acceptée de tous, en tout temps et en tout lieu. La monnaie fut inventée et la vente prit naissance : il y eut une chose et un prix, un vendeur et un acheteur. Au fond, c'est toujours un échange ; mais l'opération originaire se trouve perfectionnée dans son application.

La vente, voilà l'opération fondamentale du commerce, et pourtant on ne trouve à ce sujet qu'un seul article dans le Code de Commerce, l'article 109. Nous allons comprendre pourquoi il en est ainsi en étudiant les caractères de la vente commerciale. Après en avoir considéré la nature, nous dirons quelques mots sur ses particularités en ce qui concerne la preuve, la livraison et le paiement.

I. — *Nature de la vente commerciale.*

Si l'on ne considérait que l'art. 109 du Code de Commerce, on pourrait croire que le législateur n'a rien statué sur les achats et ventes du commerce, et qu'ils doivent être régis par les principes du Code Civil posés au titre de la *Vente*. C'est ce que pensent la plupart des auteurs d'accord avec la jurisprudence en général : ils décident que dans le silence du Code de Commerce on doit appliquer les dispositions du Code Civil. Cependant, quelle différence entre les objets dont s'occupent l'un et l'autre Code! Le Code Civil traite de l'état des personnes, de la famille, de la distinction des biens, de leur transmission par succession, etc., des moyens de les conserver et de les transmettre, etc., tandis que le Code de Commerce se propose simplement de régir l'état des commerçants. Ces deux Codes statuent sur des personnes et des objets tout différents, l'esprit de l'un ne peut être celui de l'autre. Nous rejetons donc énergiquement cette opinion d'après laquelle le Code Civil régirait le Code de Commerce, opinion que d'ailleurs les rédacteurs eux-mêmes ont toujours combattue dans la préparation et la discussion des lois civiles ou commerciales. Les affaires militaires, disent les rédacteurs du Code Civil, le *commerce*, le fisc et plusieurs autres objets supposent des rapports qui n'appartiennent à aucune des dispositions du Code Civil. Et ils protestent en plus d'un endroit qu'ils ne statuent point sur le commerce en dictant les articles du Code Civil. Quelle était maintenant la pensée des fondateurs du Code de Commerce? « Les transactions commerciales, disent-ils, diffèrent si essentiellement des transactions civiles par leur nature et par leur résultat, qu'il est universellement reconnu que la législation commerciale doit être fondée sur des principes différents. » Ces citations ne prouvent-elles pas avec évidence qu'on ne peut appliquer les dispositions du Code Civil aux opérations du commerce!

Les transactions commerciales qui se passent au milieu d'accidents de tous genres et qui peuvent varier à l'infini ne devaient être interprétées que d'après l'équité, la bonne foi et l'intérêt commun des peuples; car, à la différence du droit civil qui varie suivant les idées et les mœurs de chaque peuple, le droit commercial, comme le droit naturel, est le même pour toutes les nations. Il ne faut donc plus s'étonner que les rédacteurs n'aient consacré qu'un article aux achats et ventes. Était-il besoin d'ailleurs d'apprendre aux commerçants ce que c'est qu'acheter et vendre? « *Nemo est qui non intelligat quid sit emere, quid sit vendere.* »

Sous le bénéfice de ces observations, nous affirmons que la vente commerciale diffère essentiellement de la vente civile : celle-ci, en effet, constitue une véritable aliénation, puisqu'elle opère *ipso jure* mutation de propriété, tandis que celle-là ne produit que des obligations. On doit définir la vente commerciale un contact par lequel l'une des parties s'oblige à livrer à l'autre un objet dont celle-ci s'oblige à lui payer le prix. Quant à la transmission de la propriété, elle s'effectue par la tradition; ce sont les rédacteurs du Code de Commerce qui l'ont dit expressément dans leur discours préliminaire.

En conséquence, nous déclarons valable, contrairement à l'art. 1599 du Code Civil, la vente d'un corps certain appartenant à autrui, mais que le vendeur s'engage à livrer à l'acheteur. Nous en dirons autant de la vente d'un corps incertain, que le vendeur ne possède pas actuellement, mais qu'il promet de livrer à une époque déterminée. Mais respectant toujours la liberté des conventions, nous accordons sans peine aux parties le pouvoir de conclure une vente opérant mutation de propriété lorsque l'objet de la vente est un corps certain et que le vendeur en a la propriété et la possession.

II. — *De la preuve de la vente.*

La preuve, en général, est tout ce qui fait foi d'un fait vrai ou faux, tout ce qui est de nature à déterminer la conviction. La preuve judiciaire consiste dans certains modes déterminés par la loi pour constater un fait avoué ou dénié. Les divers modes de preuve, énumérés dans l'art. 109, ne sont pas seulement applicables à la vente, mais peuvent aussi régir tous engagements commerciaux, à l'exception de ceux dont la validité et la preuve sont subordonnées à l'écriture; en voici l'énumération : les actes publics, les actes sous signature privée, le bordereau, la facture acceptée, la correspondance, les livres des parties, la preuve testimoniale dans le cas où le Tribunal croira devoir l'admettre. Il faut y ajouter les présomptions, l'aveu et le serment. Mais parmi ces différents modes de preuve, il en est de communs au droit civil et au droit commercial; nous ne nous occuperons que des preuves particulières aux opérations du commerce.

Bordereau. — Le bordereau est l'extrait d'un acte de vente, rédigé par un courtier ou un agent de change, et signé des parties. Le courtier et l'agent de change sont des officiers publics, agents intermédiaires entre les commerçants, qui reçoivent la demande et l'offre, et mettent en rapport ceux qui veulent vendre et ceux qui veulent acheter. Lorsque les parties sont d'accord, ils dressent acte de leur convention et le leur font signer; c'est là le bordereau qui emprunte sa force probante à la signature des parties et non à celle du courtier. La signature du courtier ne fait pas du bordereau un acte authentique comme le sont les actes notariés; elle ne fait qu'attester l'identité des contractants et de leur propre signature.

Lorsque le bordereau se trouve perdu, les livres du courtier, le carnet et le journal prescrits par le règlement du 27 prairial an X et par l'article 84 du Code de Commerce peuvent-ils servir de preuves? Oui, si le juge le croit convenable, car ces livres n'ont en justice aucune authenticité.

Facture acceptée. — La facture est un état sommaire indiquant la nature, la qualité, la quantité, le poids et le prix de la chose vendue. Pour qu'elle fasse preuve, il faut qu'elle soit acceptée; mais il n'est pas nécessaire que l'acceptation soit écrite. Ainsi, je vous envoie une facture et je vous propose la marchandise dont elle contient le détail. Si vous la gardez sans me répondre, vous êtes censé avoir accepté ma proposition. La preuve par la facture peut aussi résulter de la correspondance ou de la mention qui en aurait été faite sur les livres, car il est difficile de faire une antidate sur les livres bien tenus, comme la loi le suppose et l'ordonne en effet. Ajoutons que la facture fera foi vis-à-vis des tiers jusqu'à preuve contraire, et que, par conséquent, nous n'appliquerons pas ici l'art. 1328 du Code Civil.

La facture, dont le caractère est de faire preuve, jouit encore d'une autre prérogative : on peut opérer sur elle comme sur la marchandise qu'elle représente; mais pour cela certaines conditions sont nécessaires; il faut que la facture émane d'un commerçant, qu'elle ait pour objet une vente, qu'elle ait été remise à l'acheteur, et enfin qu'il en ait été passé écriture sur les livres du vendeur et de l'acheteur, ou tout au moins de l'acheteur.

Correspondance. — Les commerçants sont obligés par la loi de conserver les lettres qu'ils reçoivent et de transcrire celles qu'ils envoient. Cette obligation engendre un nouveau mode de preuve dont nous allons dire quelques mots.

L'art. 109 ne confond pas la preuve résultant de la correspondance des deux parties avec l'acte sous seing privé; et c'est avec raison, car dans l'acte sous seing privé la proposition et l'acceptation se touchent et se rencontrent immédiatement, tandis que dans la correspondance l'acception est toujours et forcément séparée de la proposition. La missive de proposition n'est pas toujours une preuve, mais la missive d'acceptation entre les mains du vendeur en est toujours une.

Puisque la correspondance est un moyen si usuel de manifester et de prouver son consentement, il est de la plus grande importance de savoir à quel moment un contrat sera formé par correspondance. Pour résoudre plus facilement cette question, il faut bien nous rendre compte de la nature et de la fonction de la lettre. Une lettre est une série de paroles adressées à un absent pour lui dire par les yeux ce qu'on lui ferait entendre à l'oreille. On a comparé les missives à des mandataires muets qui parlent aux yeux. Or, les mandataires peuvent se révoquer : Je vous envoie une missive de proposition; tant que je ne connais pas votre réponse, je puis me rétracter et vous faire connaître cette rétractation par une autre missive. M. Toullier trouve ce système injuste; M. Pardessus enseigne que, du moment que ma lettre est mise à la poste, il n'y a plus pour moi de renonciation possible, parce que, dit-il, le destinataire est devenu aussitôt propriétaire de la lettre. Le système de Merlin est bien préférable, parce qu'il est infiniment plus conforme à la nature des choses. Supposons une voûte acoustique qui ne rende un son qu'au bout de cinq minutes, et aux orifices de cette voûte mettons un vendeur et un acheteur : le vendeur fait sa proposition; cinq minutes après, l'acheteur l'entend et répond : j'accepte. Si le vendeur, à partir de ce moment, reste cinq minutes sans rien dire et entend la réponse de l'acceptation, il y a consentement parfait, le contrat est formé. Mais si, avant que cinq minutes se soient écoulées depuis que l'acheteur a dit j'accepte, le vendeur a manifesté sa renonciation, il n'y a évidemment pas de contrat, puisqu'il n'y a pas de consentement. Telle est la théorie de Merlin, que nous adoptons.

La correspondance n'a pas lieu seulement entre absents, on l'emploie même entre présents et pour des conventions verbales.

Livres des parties. — Le Tribunal peut admettre comme moyens de preuve les livres régulièrement tenus; il peut en ordonner la représentation, sauf à y ajouter la foi que bon lui semblera.

III. — *De la livraison.*

La principale obligation du vendeur consiste dans la livraison de la chose vendue, obligation corrélative à celle de l'acheteur de payer le prix. C'est là le but de la vente, et pour l'atteindre, le consentement des parties n'est pas suffisant; ce fait voulu ne deviendra un fait accompli que lorsque un acte extérieur, en dehors de la volonté, sera manifesté pour produire la transmission de la propriété ou du prix, car on ne peut arriver à ce résultat que par une exécution matérielle. La vente ne peut conférer qu'un droit contre la personne et non pas un droit réel, comme l'ont admis les rédacteurs du Code Civil, qu'une erreur de langage a conduits à toute sorte d'incohérences et de difficultés. Le Code Civil a confondu le moyen de s'obliger avec le mode d'exécution de la vente; en droit commercial, il faut revenir à ce grand principe du droit romain : *dominia rerum traditionibus transferuntur.* L'homme est composé d'une âme et d'un corps, et cette double nature se trouve reproduite dans tous ses agissements par un double phénomène *animo et corpore.* L'obligation ne lie que les volontés, il est contraire à sa nature de pouvoir transférer quelque chose; elle ne peut être que *causa dominii transferendi;* pour que la propriété soit transférée, un acte matériel est nécessaire.

La tradition est le fait réciproque de livrer et de se livrer accompagné de l'*animus* et du *corpus.* La délivrance comprend la translation du côté du vendeur, l'*apprehensio* du côté de l'acheteur, et la tradition se trouve pleinement opérée quand l'*animus accipiendi* correspond à l'*animus tradendi.*

La translation peut être virtuelle alors que l'*apprehensio* est effective. Je vous achète un cheval; je le prends devant vous et l'emmène, en voilà un exemple. Les Romains appelaient cette tradition *traditio per patientiam.* La remise des clefs d'un magasin constitue une tradition effective, parce que livrer les clefs à l'acheteur c'est bien mettre la marchandise à sa disposition. La *traditio* et l'*apprehensio* peuvent n'être que virtuelles : il en est ainsi lorsque, par exemple, j'achète une pendule, et qu'au lieu de l'emporter je conviens avec l'horloger de la lui laisser à titre de dépôt.

Voici quelques modes de tradition qui sont particuliers au commerce : la marque, le connaissement, la facture et le transfert en douane.

La marque est un signe de propriété apposé sur des objets qui pourraient facilement être confondus avec d'autres : elle se compose en général des initiales du destinataire; quelquefois on ajoute sous l'objet une contre-marque composée des initiales de l'expéditeur; chez nous, la marque emporte consommation de la vente; c'est une présomption de propriété en même temps qu'une mesure d'ordre.

Le connaissement est l'écrit signé par un capitaine de navire constatant la mise à bord, l'état, la destination de la marchandise, le prix et les conditions du transport. Le connaissement est un moyen d'opérer la livraison;

lorsque le capitaine signe un connaissement, il prend possession de la marchandise pour le compte du destinataire. Cette représentation virtuelle est une nécessité du commerce. La lettre de voiture produit le même effet dans le transport par terre.

La facture, nous l'avons vu, fait preuve de la vente, même à l'égard des tiers; elle sert aussi à produire la livraison. Lorsque la marchandise est au loin et ne peut voyager, le défaut de la livraison est suppléé par la facture; on la livre comme on livrerait la marchandise.

Le transfert en douane est un autre mode de livraison tout particulier au commerce. La douane est une institution financière destinée à produire des revenus pour l'État en imposant des droits sur certaines marchandises importées en France; c'est en même temps une institution commerciale établie dans l'intérêt du commerce et de l'industrie, et dont les avantages ne peuvent être niés par les partisans du libre-échange.

Les marchandises sujettes aux droits ne doivent payer d'impôt qu'autant qu'elles sont consommées en France; de là l'établissement des entrepôts, lieux placés sous la surveillance de l'administration, où les commerçants peuvent déposer, sans payer de droits, leurs marchandises imposables, afin de conserver la faculté de les réexporter, s'ils y trouvent leur avantage.

L'entrepôt est réel ou fictif, réel lorsque la marchandise est réellement dans les magasins de la douane, fictif lorsqu'elle est dans les magasins du propriétaire, mais sous la clef de la douane. Mais une marchandise entreposée ne cesse pas pour cela d'être vénale; le commerçant peut donc la vendre; mais comme il n'y a pas de livraison manuelle possible, la tradition s'effectuera de la manière suivante : on substituera sur les registres de la douane le nom de l'acheteur à celui du vendeur; c'est ce qu'on appelle le transfert en douane.

<h3 align="center">IV. — Du paiement.</h3>

La principale obligation de l'acheteur est de payer le prix de la chose qu'il achète. Le mot paiement est une expression générique qui veut dire acquitter une dette. Mais en matière de vente commerciale, ce terme s'entend seulement de la numération d'espèces métalliques (*numerata pecunia*) ou de l'envoi de valeurs commerciales.

On paie comptant ou avec escompte. La vente au comptant signifie tantôt que le paiement doit être fait au moment même de la livraison, tantôt qu'un certain délai sera accordé, pendant lequel les intérêts ne seront pas dus par l'acheteur : cela dépend de l'usage des places.

Escompter un prix de vente, c'est payer avant le terme, moyennant une déduction sur le capital dû. S'il n'y a pas eu de convention d'escompte, l'acheteur n'y aura droit qu'autant que cette faculté sera d'usage sur la place où il a traité.

Lorsque l'acheteur a la même résidence que le vendeur, le paiement se fait en espèces métalliques. Si la résidence est différente, l'acheteur paie ordinairement en effets de commerce ou billets à courte échéance, ou bien le vendeur tire sur l'acheteur.

Pour ce qui est de l'époque du paiement, il doit avoir lieu au jour convenu, qui appartient tout entier au débiteur. L'acheteur doit payer aussi au lieu convenu, qui ne peut être changé sans le consentement des parties. Si aucun lieu n'a été convenu, le paiement s'effectuera au lieu de la délivrance ou au domicile de l'acheteur, suivant que la vente sera au comptant ou à terme.

QUESTIONS.

Droit Français.

1. Un époux étant déclaré absent, son conjoint contracte un nouveau mariage ; l'absent, de retour, sera-t-il seul autorisé à en demander la nullité ? Non ; tous ceux qui ont intérêt à ce que le mariage soit dissous peuvent l'attaquer.

2. Si au moment où un quasi-usufruit a été constitué il y a eu estimation des choses livrées au quasi-usufruitier, celui-ci, pour se libérer, aura-t-il le choix entre la restitution du prix d'estimation et la restitution de choses de pareilles quantité et qualité ? Il devra restituer le prix d'estimation.

3. Le propriétaire d'un fonds servant par le titre constitutif de la servitude ou par un titre postérieur se trouve obligé à supporter les frais nécessaires pour l'exercice de cette servitude : est-ce une charge réelle qui se transmettra avec la servitude ? Non.

4. Pour qu'un créancier puisse attaquer un acte à titre gratuit, fait par

son débiteur, est-il nécessaire qu'il prouve que cette libéralité est frauduleuse en même temps que préjudiciable à ses intérêts? Oui.

5. Quel est le sort des actes faits par le mineur lui-même lorsque le tuteur aurait pu les faire seul, soit par le tuteur ou le mineur sans l'emploi des formalités exigées par la loi? Les premiers sont annulables pour cause de lésion, les seconds pour vice de forme.

6. La dot constituée par un tiers est-elle un acte à titre gratuit ou à titre onéreux? Elle constitue un titre gratuit quant à la femme, onéreux quant au mari.

7. Une maison s'écroule dans les dix ans qui suivent sa construction; est-ce à partir du moment de sa construction que commenceront à courir les dix ans pendant lesquels l'action en garantie peut être intentée? La prescription de cette action commencera au moment de la construction.

Droit Administratif.

8. Une ordonnance administrative est-elle nécessaire pour qu'une chose puisse passer du domaine public dans le domaine de l'Etat? Non.

9. Le chémin de halage est-il dû pour les canaux de navigation? Oui.

Droit Commercial.

10. L'art. 1657 du Code Napoléon est-il applicable en matière commerciale? Non.

Rennes, le 21 janvier 1863.

Henri DURAND.

Vu pour l'impression,
Le doyen, Th. BIDARD.

9 782013 486835